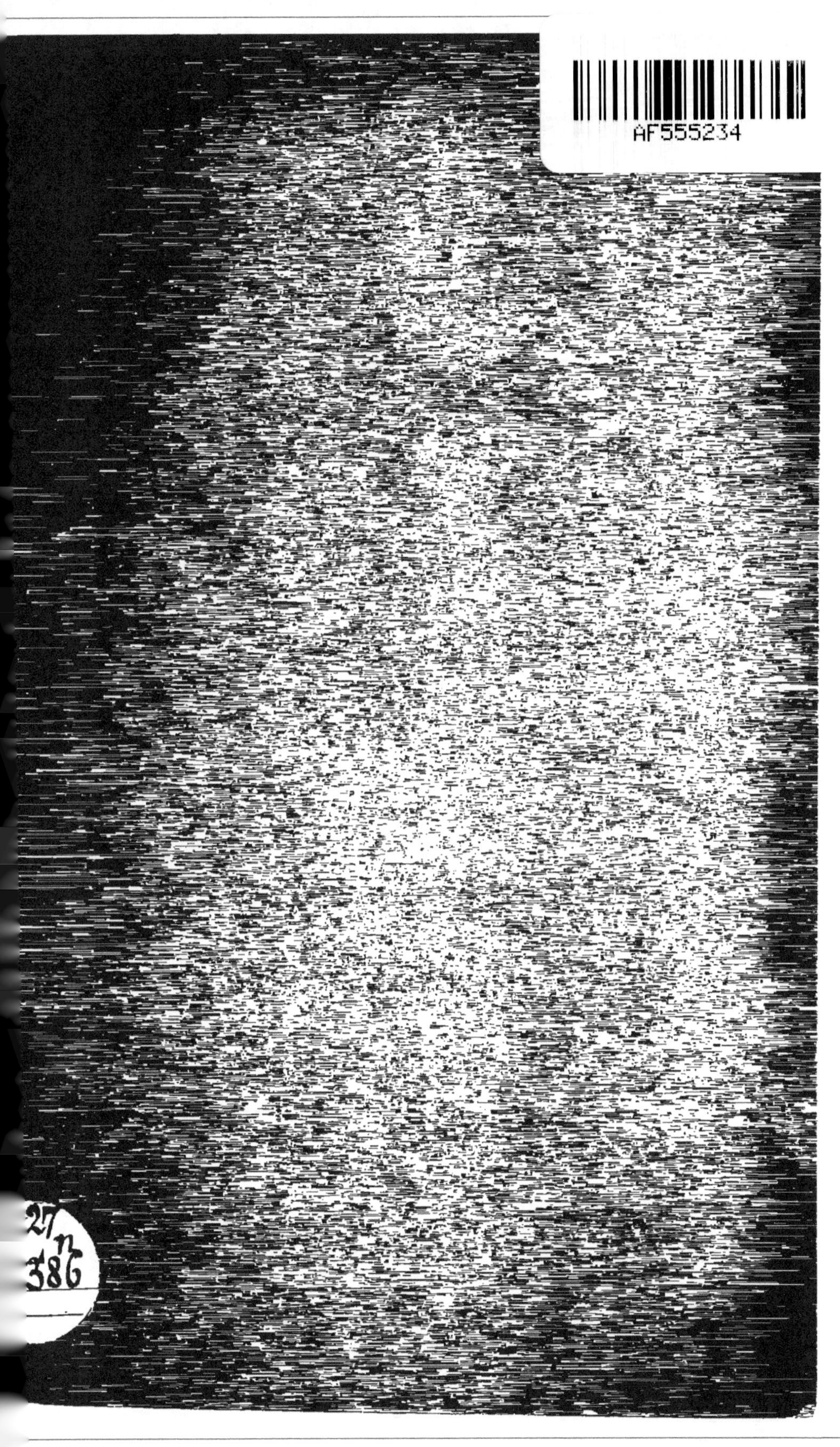

LE CRI

D'UN

LÉVITE INDIGNÉ

PAR L'EX-ABBÉ G***

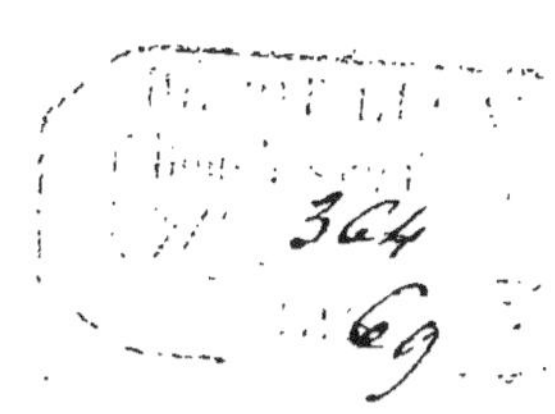

AUJOURD'HUI

Ferdnand BELLATOR

MARSEILLE

IMPRIMERIE COMMERCIALE J. DOUCET

7, Rue Moustiers, 7

1869

A MON CHER AMI L'ABBÉ M***,

Infortunée victime de la jalousie d'un curé, qui, au lieu d'être pour moi un père fut mon persécuteur et devint mon bourreau, je dus, tu le sais, en présence des ignobles traitements dont j'étais l'objet de sa part, abandonner la place et chercher, dans un camp plus hospitalier, la vie que je ne pouvais mériter avec cet homme qu'au mépris de ma conscience.

Cette énergique détermination, toute subite et imprévue, déchaina à l'instant contre moi toutes les fureurs du clergé que j'abandonnais. Toi seul et quelques amis que je vénère profondément m'êtes restés fidèles. Dès lors, condamné sans avoir été entendu par cette autorité ecclésiastique qui peut tout, au mépris de la vérité et du bon sens, je reçus, quelques jours après mon abdication, une lettre humiliante qui me privait des titres et des dignités que j'avais déjà moi-même abandonnés de plein gré. Ce mandement épiscopal ne me fit aucune impression. Seulement, dès ce jour, je formais le projet que je réalise aujourd'hui. Puisque, me dis-je, la vérité est dédaignée de ces hommes qui prétendent cependant la proclamer partout; puisque, reconnu innocent, je dois néanmoins, malgré toute justice, aller expier dans la solitude de la trappe les torts de mon curé, il est de mon devoir d'éclairer mes amis et mes frères sur ma véritable situation.

Devant ces détails, ceux qui m'ont connu me reconnaîtront bien vite. Devant des faits exactement racontés, chacun aura le droit de juger et de se déterminer ensuite. L'erreur devra se dissiper et le mensonge prendre la fuite.

A toi, mon cher et fidèle ami, de continuer maintenant l'œuvre de dévouement que tu as si glorieusement commencée pour moi.

Ton ami, toujours et partout,

FERDNAND BELLATOR.

CHER AMI,

J'ai lu avec une vive émotion cette brochure empreinte d'une si profonde mélancolie. Elle m'a raconté avec exactitude, tu mérites ce témoignage, les maux que je connaissais déjà et que j'avais essayé quelquefois d'adoucir. Seulement, les épithètes à l'égard du curé que tu dois toujours respecter, me paraissent violentes, j'allais dire blessantes, il serait à propos de les retrancher.

Quoi qu'il en soit, mon pauvre ami, permets-moi de blâmer une fois encore la résolution qui t'a fait, hélas! déserter l'autel. Moins de promptitude dans ta détermination t'aurait été, je crois, plus avantageux. Tu te fusses alors conformé à la volonté de ceux auxquels nous devons nécessairement obéir.

Sans doute, tu aurais été humilié, mais que veux-tu, n'est-ce pas notre condition de baisser toujours la tête sous le joug de cette autorité qui nous accable. Tu aurais attendu avec tes amis, qui déplorent aujourd'hui ton absence, ce moment heureux qui doit nous apporter la liberté.

Cher ami, promets-moi, cependant, quelle que soit ta position, de conserver toujours des sentiments grands et honnêtes. Je continue néanmoins de prier pour ta conversion et ton bonheur.

Ton ami en J.-C.,

M***.

A MES AMIS, A MES FRÈRES,

C'était pendant l'horreur d'une nuit profonde. Triste et abattu des souffrances de la veille, j'appelais dans le désespoir de mon âme un instant de repos pour apaiser mon esprit cruellement tourmenté.

Le doux sommeil fut insensible à mes larmes. Seul dans ma douleur immense je me pris à sangloter! O affreuse solitude, m'écriais-je, que tu es accablante! O redoutable silence! comme tu pèses lourdement sur mon pauvre cœur! et les images de la mort : la tombe, l'éternité, les chars funèbres passaient autour de moi, frappant de stupeur et d'effroi mon imagination épouvantée. Cédant aux efforts de la fièvre mon esprit cependant s'affaiblit, et les ombres du sommeil s'étendirent doucement autour de lui. Tandis que l'ardeur de mon mal me faisait oublier dans un repos factice les douleurs de mon existence, un ami, c'était un ange! sembla s'incliner sur ma couche :

« Mon frère, pourquoi pleures-tu? Va! il y a encore sur « la terre des cœurs généreux qui apprécient tes souffran- « ces et veulent les partager! Courage, infortuné lévite, « quitte ce sanctuaire où des prêtres sacrilèges exploitent « l'ardeur de ta jeunesse, la tendresse de ton cœur, la « candeur de ton esprit. Viens au milieu de nous, « heureux de te posséder. Dis-nous la cause de tes maux, « le sujet de tes disgrâces; nous vengerons ton honneur : « viens nous t'en supplions! joyeux nous partagerons avec « toi le pain du malheureux. Nous t'abriterons sous nos « tentes hospitalières. Nous te consolerons de toute la

« générosité de notre amour. Viens ! mon frère. Salue « cette croix que les prêtres proclament, mais que sou- « vent ils méprisent. Quitte l'autel témoin de leurs men- « songes. Pleure, car les larmes soulageront ton âme : « pleure le Dieu que tu voulais servir et que tu n'as point « trouvé. Viens ! quitte cette terre de scandale.

« Suis par-delà ce mont le chemin que je t'indique. « Vois, cette ville, sans défense et sans murailles, « elle est ouverte à tout mortel ! Viens au milieu d'elle, « déployer le feu de ton zèle. Viens goûter avec nous les « douces émotions de la charité, du pardon. Crois, mon « frère, crois, mon ami, à la voix de celui qui t'appelle :

« **Je** suis l'ange de la Liberté. »

A cette parole, la forme gracieuse de cet être céleste disparut. Ravi ! en extase ! je soupirai de bonheur. A mon réveil, je compris qu'il fallait agir. J'adressais un suprême adieu au Christ de ma jeunesse ; je lui jurais mon amour ; je lui promettais mes services. Je quittai en tremblant les prêtres qui m'avaient trompé, et adressai à mes amis et à mes frères l'histoire de mes malheurs.

Je ne raconterai point ici, mon frère, les courtes illusions de mon enfance, les suaves, mais trop fugitifs plaisirs de mon adolescence, la durée de mes études littéraires, le principe de ma vocation, la cause, enfin, de.... mes malheurs.

Je te présenterai seulement la longue chaîne des épreuves dont ma jeune existence fut abreuvée pendant l'exercice du sacré ministère. Ecoute, je t'en conjure, ce lamentable récit. Monte avec moi ce redoutable Calvaire. Ici va s'accomplir le plus effrayant des sacrifices, le viol de la liberté. Indigne sacrilège que la société réprouve, que le ciel doit éternellement maudir. Courage, mon frère. Recueille-toi dans la profondeur de ton âme. Ecoute dans le silence de ton cœur les souffrances de l'infortuné lévite, qui, injustement dépouillé, impitoyablement tourmenté par ceux qui se nommaient ses pères, implore en ce moment ton assistance et la sollicite avec ardeur.

Pitié, mon frère ! Prête-moi, je t'en prie, ton appui. Respecte mes larmes. Venge mon honneur. Tu te dois à ma défense et à la délivrance de mes frères qui gémissent encore dans l'esclavage.

J'accomplissais ma vingt-troisième année (1) quand sous les sombres voûtes de la cathédrale j'approchais en tremblant du sanctuaire que j'allais franchir. Déjà, depuis trois longues années, je déplorais dans le trouble de la plus affreuse solitude, le vœu fatal qui me condamnait, malgré moi, à l'oubli, à la mort ; tandis que mon ardente jeunesse m'excitait au bonheur, à la gloire, aux charmes de l'indépendance. Entrainé par l'élan d'une imagination enthousiaste, ravi au contact des émouvantes cérémonies du culte catholique et surtout habilement entraîné dans cette vocation par les propos pleins d'astuce et d'adresse des prêtres qui exploitaient ma jeunesse, je me jetai, dans toute l'inexpérience de mon âge, dans la secte de ceux qui, sous prétexte d'évangéliser les pauvres, de prêcher la liberté, recherchent d'abord, pour eux, la puissance et le bien-être.

Deux Juin 1867.

Quoique déjà j'eusse compris mon erreur, toute combinaison devenait impossible: toute réflexion devait rester impuissante. Mon âme allait souffrir pour s'éteindre après d'inénarrables angoisses. Il ne me restait donc plus qu'à monter tout seul, avec la résignation d'un grand courage, la montagne de mon sacrifice : Je la gravis jusqu'au sommet. L'affreuse nuit qui précéda la mémorable journée fut longue et cruelle Le triste pressentiment de mes futures adversités me poursuivait sans cesse et me jetait dans une mélancolie profonde. Deux fois déjà j'avais éloigné ce redoutable fardeau. En cet instant, le terme fatal allait expirer, toute hésitation était moralement impossible. Cependant le temps, infatigable, précipitait sa marche. Déjà l'aurore de ce jour se montrait à l'horizon radieuse et belle. Son voile rose tendre se déployait gracieusement sous le dôme des cieux, que je contemplais dans une rêverie inexprimable. Déjà dans ma cellule se trouvait la tunique de lin qui allait couvrir mes épaules au moment du sacrifice. Déjà l'autel, inondé de lumières, étincelait sous une auréole de feu. Le prélat, souverainement assis sous un magnifique trône, comptait ses victimes et les étudiait de son regard. Cependant, j'hésitais encore. Des amis, entraînés par l'attrait d'une vocation moins comprise, exaltaient mon imagination, riaient de ma timidité et de mes hésitations. Des prêtres téméraires, couvrant sous de fausses couleurs l'avenir qui remplissait mon âme de crainte et d'épouvante, éloignaient de mon esprit les troubles qu'ils appelaient des suggestions malignes, me montraient la gloire de la prédication, le triomphe de la religion, l'immortalité bienheureuse. Une mère vertueuse, heureuse d'offrir au Dieu qu'elle aimait le fils qu'elle voulait sauver, souriait avec bonheur et attendait, dans le ravissement de son âme, le moment suprême qui allait pour toujours ravir son fils à la terre.

Pauvre mère! si ta foi mieux éclairée eût été moins pure et surtout moins naïve, la vérité, jetant dans ton cœur la lumière, t'eût manifesté sans doute l'affreux avenir qui attendait ton fils au seuil de son existence! L'heure dernière était venue. Tout était prêt. Le feu brûlait sur l'autel du sacrifice. Le pontife attendait la dernière victime.

....

....

Vêtu de blanc, les reins ceints d'un cordon de soie. et dans mes mains un flambeau image de la vie qui allait se consumer au pied du tabernacle : J'avançai, l'émotion dans l'âme et les larmes aux yeux jusqu'à l'entrée du sanctuaire.

Une foule émue et recueillie envahissait la cathédrale. Tandis que je traversais ces rangs épais, j'entendais des soupirs mal comprimés et des lèvres amies proféraient tout bas ces paroles qui faisaient tressaillir mon âme : O Dieu! si jeune encore! quel sacrifice!!! La cérémonie fut imposante et belle. Le catholicisme possède le don merveilleux du prestige et de l'éclat. Pour moi, plutôt entraîné par la force des circonstances, que, raisonnablement décidé, j'acceptai résolument le fardeau qu'on allait m'imposer. Je voyais dans cette vocation, qu'il fallait résolument suivre, quelque chose qui flattait encore mon honneur et mes inclinations : la puissance de la parole, le soulagement des malheureux. Je me sentais naturellement porté à l'étude de l'éloquence, et mon âme n'était heureuse qu'après avoir éloigné l'infortune, calmé une discorde, soulagé quelques misères. Cet horizon n'était pas, tu le vois, mon frère, sans quelque charme, aussi mon cœur s'abandonna-t-il courageusement à cette laborieuse mission qui eut été belle et sublime, si des dissensions et des entraves que tu connaîtras bientôt n'en eussent troublé sa pureté et terni sa splendeur.

Quand le pontife, les mains levées au ciel, eut appelé sur moi la puissance du Dieu vivant, je sentis comme le froid de la mort se communiquer à mes membres. Une profonde nuit couvrit mon âme.

Je ne savais plus si je vivais. Des larmes, en cet instant, coulèrent abondamment le long de mes joues. Hélas ! j'avais cessé de m'appartenir. J'étais prêtre ! j'étais esclave !

> Pourquoi ces chants joyeux, Pontife téméraire ?
> Cesse de t'applaudir de ton œuvre coupable.
> Laisse-moi, maintenant, hélas ! dans ma misère,
> Pleurer, me lamenter du sort impitoyable,
> Qui va peser sur moi de son poids redoutable.

Les émotions de cette grande journée furent douces et suaves. Je manquerai à la sincérité de ce récit, si je ne faisais point cet aveu. Mon âme, toute embrasée d'amour pour la religion du Christ, que m'avait montrée, brillante et belle à l'aurore de mes jours une mère adorable, ressentit en ce moment quelque chose de ce charme inexprimable qui enchante si agréablement notre être, quand il se donne tout entier, et sans partage, à l'être qu'il adore. Agité dans un idéal qui fuyait quand je voulais le saisir, je ne savais comment m'expliquer en ce jour les diverses émotions qui partageaient mon esprit et faisaient palpiter mon âme. Mon cœur, jusqu'alors habilement sequestré de toute affection étrangère, s'abandonna, dans un élan généreux et magnanime, au service du Dieu voilé, sous de gracieux symboles, et se consacra, dans toute l'ardeur de son innocence, à la défense de son nom immortel, à la propagation de sa foi divine, et au service de son sacré ministère. Ma douleur, tu le vois, mon frère, n'était point précisément immense. Quelques rares rayons de soleil, s'échappant à travers les noirs nuages qui couvraient le ciel de mon avenir, jetaient encore la chaleur dans mon âme, l'espérance dans mon cœur, l'illusion dans mon esprit. Ces courtes joies, si précieuses pour qui n'en connaît d'autres, devaient, hélas ! en ravissant mon être, hâter mon désespoir et ma perte. Quand je quittai l'autel, témoin de mon sacrifice, ma mère, fendant la foule qui me pressait de toute part, m'arrêta sur le seuil du temple et fixant sur moi son délicieux regard :

« Ferdnand, me dit-elle, que tu es heureux aujourd'hui.
« Du monde, tu ne connaîtras point les alarmes, le ciel
« couronnera tes vertus. »

La cérémonie achevée, chacun des lévites promus au sacerdoce se retira dans sa cellule, pour se préparer au départ. Pour moi, tout ému des circonstances qui venaient de frapper mon imagination, j'ordonnais, à moitié absorbé dans une sombre rêverie qui ne m'a plus quitté depuis ce jour, le dispositif de mon dernier adieu à la retraite que j'allais laisser. Quand l'heure de la séparation fut venue, divers sentiments partagèrent tour à tour mon âme. Tantôt joyeux de fuir ce sombre asile, témoin de tous mes maux, je hâtais mes préparatifs, afin de sortir au plus tôt de cette tombe, où, vivant, je m'étais enseveli avec toutes mes espérances. Tantôt honteux et confus, dépouillé que j'étais de l'auréole qui fait toute la grandeur de l'homme ici-bas : La Liberté ; j'abordais avec crainte, sentant l'inutilité de mon existence, la société que je n'avais plus revu depuis cinq ans. Heureux, cependant, de la grandeur du ministère qui m'était confié, j'affrontai généreusement le péril et me déterminai courageusement à la lutte. Soulager le pauvre, prêcher la doctrine de l'illustre législateur qui avait réformé le monde, apaiser les dissensions, se faire le défenseur de l'opprimé, aider la veuve, soutenir l'orphelin... Quelle noble et sublime mission !!!

C'etait celle que j'entrevoyais alors dans l'enthousiasme de mon zèle, celle qui fit toutes les délices de ma vie, pendant les douloureuses épreuves qui, si souvent, firent gémir mon âme. Par une exception que je ne compris pas d'abord, mais que je saisis plus tard, je fus placé, au grand étonnement de mes confrères, dans une paroisse assez distinguée de la ville ; tandis que mes condisciples, soumis à la loi générale, passaient leurs premières années, dans les divers villages du diocèse. A ce premier acte de l'administration, commencent mes épreuves. La jalousie apprête ses armes meurtrières. La calomnie, la haine, la vengeance s'acharnent après leurs victimes.

Au jour de mon installation dans la paroisse qui m'était désignée, le curé se montra froid, indifférent, j'ose dire méfiant. La population au contraire paraissait heureuse ; bien avant l'heure de la cérémonie elle envahissait le temple. Mes confrères, tous plus âgés que moi de vingt-cinq ans, me regardèrent d'abord avec pitié comme un enfant dont ils n'auraient pas à prendre garde.

Son inexpérience, disaient-ils, entr'eux, va le compromettre au premier pas, et ceux qui se portent ses défenseurs comprendront bien vite le péril que court ce jeune prêtre dans une ville où le danger apparaît partout. La cérémonie achevée, mon curé m'accueillit avec les allures d'une sévère étiquette. Les gros traits de sa large et pesante figure se dessinaient à travers les ombres d'une indignation que je ne savais comprendre. Ses lèvres contractées et immobiles, recelaient le poison, ses yeux fuyaient ma présence. Toute sa personne lourdement embarrassée dans un extérieur compassé lui donnait un je ne sais quoi de ridicule, qui déplaisait vivement. Assis dans son fauteuil il dédaigna se lever pour me recevoir; m'adressa quelques méchants mots qui sentaient l'emphase et la prétention. Ses phrases étaient courtes, empreintes d'une littérature qui avait goût du bouquin d'où elle était sortie. Pauvre curé! habitué au despotisme qu'il faisait peser sur tout ceux qui l'environnaient, il eut peur, je crois, en voyant mes allures vives et franches, que je ne vinsse mépriser l'éclat de sa puissance ; aussi essaya-t-il de m'éblouir sottement par l'éclat de sa haute supériorité. Ennuyé et surtout vivement ému de cette réception faite au mépris de toutes les convenances, je rentrai précipitamment au foyer paternel. Cette visite avait brisé mon cœur ; doux et honnête, j'aimais la sincérité dans les rapports et la recherchais avec bonheur. L'hypocrisie, un silence affecté accablait mon âme et la jetait dans une mélancolie profonde.

Dès ce jour, je sentis le cruel tranchant du glaive qui allait perpétuellement déchirer mon cœur. O Dieu! m'écriai-je, en fuyant le presbytère, est-ce là le frère, est-ce là le père que je devais rencontrer! Vivre avec un homme que je croyais sûrement prévenu contre moi, anéantissait mon courage : aussi, craignant de voir mes forces se briser au contact de cet homme qui avait effrayé mon imagination et porté dans mon esprit la plus vive déception, j'allais prendre une détermination énergique, quand mon corps épuisé et faible (j'avais alors une santé délicate), s'affaissa tout à coup et réclama les secours de l'art.

C'était assez tristement débuter, tu en conviendras mon frère. Toutefois cette circonstance servit admirablement les desseins de mon curé. Pendant ma maladie il se montra doux et complaisant. Un instant, ses prévenances et ses tendresses allaient gagner mon cœur. Dans ma famille il s'offrit comme le protecteur de ma vie, se fit instruire sur mon caractère, mes mœurs et mes goûts : puis, ces renseignements adroitement obtenus, il dressa son plan, prépara ses machines et m'attendit résolûment chez lui avec l'assurance du succès.

Il avait appris qu'avec un cœur doux et sensible, il fallait agir avec bonté et tendresse. Il le fit. Que coûtait à cet homme, vieux dans l'astuce, de m'entourer d'une sympathie factice, pourvu que, gagné à sa cause, je devinsses son très humble esclave ? Il se trompait vivement. L'infortuné ignorait sans doute qu'avec un cœur affectueux j'avais une âme vive et puissante, un caractère droit et inflexible, toujours dévoué, il est vrai, à l'infortune, mais énergique et vigoureux devant l'hypocrisie et le mensonge.

A ma seconde visite, le curé me fit oublier les cruelles déceptions de la première. Ce n'était plus l'homme dur et méchant d'autrefois, au regard fauve et sévère. Sa physionomie paraissait bienveillante et douce, j'allais dire caressante. Il m'accueillit avec une amabilité singulière, me témoigna une affection profonde, me peignit, sous de séduisantes couleurs, toute l'espérance qu'il fondait en moi, les brillants succès, la gloire, les triomphes même qui allaient couronner mes efforts et mes vertus. C'était assez, ce me semble, pour exciter une imagination ardente, pour gagner un cœur avide d'émotion et d'amour.

Avant de continuer cette véridique histoire, arrête ici tes pas, mon frère, approche, il le faut, de cette modeste église placée sur une des plus belles promenades du monde : et quoiqu'elle soit pour moi le témoignage vivant de toutes mes infortunes, elle n'en reste pas moins cependant le centre de mes premières joies, le foyer de mes premières émotions, l'éternel monument de mon auguste sacrifice.

Vois son extérieur : il n'a rien de gracieux ni de riche. Un gros massif de pierre dure remplace les nombreuses marches des cathédrales et les élégants péristyles qui ornent avec art les portiques des églises d'Orient. Une grotesque porte de bois légèrement recouverte d'une couche de peinture que la poussière et le soleil disputent au temps achève extérieurement tout le style de l'édifice. Quand à son intérieur, il est en complète harmonie avec la pauvreté du dehors. Au fond du temple, un tombeau de bois blanc, surmonté d'une large croix de plâtre, qu'accompagnent six gros chandeliers de cuivre, sert d'autel de sacrifice pour la victime, de tabernacle au Créateur, de lieu de rendez-vous pour la prière. De chaque côté, de longs murs blancs, vides de toute ornementation, donnent à cette église un je ne sais quoi de mélancolique qui élève l'âme dans les sphères de la contemplation et de l'amour.

Cependant, de la simplicité de l'édifice ne va pas croire à la pauvreté des paroissiens. Cette église, je le disais en commençant, compte au moins parmi les secondes de la ville, si elle n'a pas déjà son rang parmi les premières. Une population éclairée et opulente occupe ses loisirs à des œuvres de dévouement, à des pratiques de charité. Toutefois un œil quelque peu exercé ne tarde pas longtemps à s'apercevoir qu'une froide indifférence paralyse la piété et le zèle d'une bonne moitié des paroissiens. Ces personnes, justement indignées contre l'homme qui se doit à tous, fuient le temple et méprisent leur pasteur, attaquent, elles ont raison, ce fier despote, ce cruel jaloux qui, loin d'imiter les vertus et la douceur de son maître, affecte, dans les rapports avec ses frères, l'orgueil d'un affranchi......

Dans son église, habituellement délaissée, ce pasteur, sans vigilance, s'exerçait à l'éloquence. Au jour des fêtes catholiques vous l'eussiez vu resplendissant de bien-être dans la chaire de vérité, jetant, de ce trône inattaquable, dans un jargon toujours emphatique, des phrases qui, à force d'être entendues, perdaient toute importance et tout intérêt. Il aimait extraordinairement le pathétique et le recherchait toujours; malheureusement il n'atteignait jamais son but, et quand il croyait avoir touché le cœur des pieuses vieilles qui l'écoutaient il s'apercevait, hélas! que la partie était perdue, car le rire (ces femmes avaient encore de l'esprit) venait à la place des larmes.

.... *Si vis me flere dolendum est*
Primum ipsi tibi...............................

Dépourvu de toute sensibilité, pouvait-il, je te le demande, la faire naître dans les autres « *Nemo dat quod non habet.* » Il cultivait cependant un autre genre d'éloquence qui lui valait quelques succès. Superbe fils d'un humble charretier, il s'était accoutumé de bonne heure à ces mouvements oratoires qu'applaudit toujours l'ignare habitant des campagnes. Il aimait le bruit, recherchait sans cesse l'éclat et l'effet. Je ne dis pas, je veux être sincère, que s'il se fut appliqué à développer le talent dont la nature l'avait heureusement doué il n'eût obtenu peut-être un bon résultat. Il avait tout, quant au physique, pour réussir en ce genre qui réclame surtout l'extérieur. Une corpulence massive, quoique disgracieuse, car elle manquait de forme; des lèvres épaisses, des sourcils arqués, un regard vif, des joues grosses et pendantes, une figure fortement colorée, un organe puissant et infatigable, : une face de dogue. Mais trop indolent, parce qu'il était plein de lui-même, il méprisait l'étude et préférait bien mieux le laisser aller et négligé de l'improvisation, à la forme soutenue et régulière d'un discours longtemps médité dans le silence et le recueillement du cabinet. Aussi, n'était-il pas toujours heureux en prédication. Dans son église, habituellement déserte, il suffisait de sa seule présence en chaire, je n'exagère point, pour éloigner les fidèles qui languissaient à l'entendre. On l'écoutait souvent avec dégoût, toujours avec indifférence; aussi, ses auditeurs, pour s'arracher au douloureux supplice de sa fatigante éloquence, s'abandonnaient-ils, avec bonheur, au sommeil qui venait heureusement les surprendre. Alors, blessé dans son orgueil, ce prédicateur, profondément humilié, devenait furieux et méchant. Il jetait un de ces éclats de voix puissant et sonore, qui vous saisissait, en vous effrayant. Rouge de colère, les poings serrés, le poison sur les lèvres, les cheveux hérissés, il attaquait l'impiété des peuples, l'absence du zèle religieux, le manque de respect pour la parole de Dieu, dont il était le redoutable écho, rappelait à ces timides chrétiens, étonnés de cet affreux désordre, la piété des premiers fidèles, leur ardeur pour le service de Dieu ; puis, joyeux, il était descendu dans l'arène où il aimait à combattre sans concurrent ; insultait ces temps glorieux où le peuple, heureusement éclairé, rejetant l'esclavage de quinze siècles, créait ces glorieux principes de 89, qui régénérèrent et constituèrent la France sur des bases immortelles. Il s'acharnait, avec dépit, après ces grandes victimes de la Révolution Française, les tirait, sans pitié, de la tombe qu'il aurait dû respecter, et jetait à leur visage d'ignobles épithètes, qui faisaient rougir tous les cœurs honnêtes et dévoués à la patrie.

Ministre du Christ, cesse tes insultes, le temps de ton autorité va finir ! Jamais tes dédaigneuses paroles ne raviront à ces hommes la gloire que les siècles et l'histoire leur dédient.

Il eût bien mieux fait, cet homme, plutôt que d'attaquer ces nobles défenseurs de la liberté des peuples, de pratiquer leurs sublimes vertus. Il eût bien mieux fait, plutôt que de se servir de la religion pour faire triompher ses opinions politiques, de chercher dans le recueillement et la prière le moyen de venir en aide aux malheureux qui tombaient sous ses yeux (1). Les souffreteux, les malades et les pauvres de cette paroisse n'avaient à leurs secours que la générosité d'une humble fille de Saint-Vincent-de-Paul, qui, chaque mardi, venait mendier au bienheureux pasteur les aumônes recueillies de la charité du riche.

Aucune autre distribution n'avait lieu après celle-là. Les vicaires devaient visiter leurs malades ; mais tout secours devait venir de leurs libéralités : jamais le curé ne partageait avec eux les ressources dont il disposait à son gré. Dans cette paroisse, le dénûment le plus complet régnait partout. Point de société de secours mutuels ni de bienfaisance, point de garde-malade, pas même un membre des conférences, rien, absolument rien. Le curé, il faut le croire, occupait ses loisirs à des œuvres plus intéressantes. Que de fois, revenant de chez mes malades, je rentrais chez moi, l'âme cruellement dechirée. J'avais vu la plus affreuse misère sans pouvoir la soulager entièrement, mes ressources personnelles étant impuissantes pour vaincre de si grandes infortunes. Cette défaite assombrissait à l'instant mon existence ; le malade, surtout quand il est pauvre, a quelque chose de surnaturel et de touchant qu'on lit avec émotion sur sa physionomie. Ses yeux éteints et presque voilés, cette bouche mi-close qui voudrait parler et sourire encore, ses mains crispées et brûlantes qui cherchent un ami pour le soutenir contre les ardeurs du mal qui l'épuise excitent la pitié, entraînent le dévouement, source féconde et inépuisable de la charité. Pour moi, ma douleur, devant un malade, était tellement sensible, qu'il ne m'était jamais possible d'administrer les derniers sacrements sans mouiller de mes larmes la couche du moribond. Cette impression n'était point passagère, elle persistait longtemps et se traduisait visiblement sur mon visage qui ne savait dissimuler.

Heureux, mille fois heureux l'homme que la Providence appelle à ce grand ministère. Sa vie, mille fois bénie des malheureux qu'il soulage, s'élève chaque jour dans un idéal qui ennoblit son âme et l'approche de la Divinité. Sa mémoire sera éternelle ! Mais honte immortelle à l'indigne ministre qui, ayant de nombreuses ressources, les prodigue cependant au dépens des infortunés qui languissent et expirent dans la plus affreuse misère.

La malédiction des hommes est sur cette tête coupable! Les châtiments du ciel la menacent !

Quand, après une de ces navrantes scènes, je rentrais dans ma demeure, ma mère, qui avait placé toute sa félicité dans mon existence, m'attendait avec impatience. Elle ne tardait pas à deviner mes ennuis. « Ferdnand, « me disait-elle en s'approchant de moi avec tendresse, « qu'as-tu donc aujourd'hui ? Quelle mauvaise affaire at« triste tes pensées, te rend taciturne et rêveur. Ferdnand, « mon fils, ne suis-je donc plus ta mère ? Me jugerais-tu « incapable d'apaiser ta douleur » et alors, tout ému, j'épanchais avec bonheur, dans le cœur charitable de cette grande femme, toute l'amertume qui fatiguait le mien. Aussitôt elle appliquait le remède à la plaie qu'elle venait d'étudier de son regard. Svelte, légère et joyeuse, elle courait précipitamment à la mansarde du malheureux, et achevait le pieux ministère que j'avais heureusement commencé. Rien ne l'arrêtait ! Elle oubliait tout : santé, parents et amis. Elle ne voyait qu'un pauvre, qu'il fallait arracher à tout prix à la misère, à la mort. Pardonne, mon frère, ces détails. Je les dois à la mémoire de celle qui fut ma mère. C'est un souvenir que ma piété filiale envoie par-delà la tombe à cette noble femme qui m'inspira toujours le devoir et l'amour de mes frères.

Le curé, cependant, ne me laissa pas sans occupation. Il me connaissait alerte et actif, doué d'une volonté vive et puissante.

« Il n'est pas bon, me disait-il avec ironie, que la jeu-« nesse qui nous pousse et veut nous effacer, reste dans le « repos et l'oisiveté. Ouvrons-lui le vaste champ du devoir « et voyons si elle osera nous suivre ! »

Après quelques jours d'exercice, lorsqu'il eut étudié à son aise mes aptitudes et mes goûts, il daigna enfin me confier la direction d'une œuvre. Il y avait dans sa paroisse ce que dans nos villes, on nomme maîtrise, c'est-à-dire une école où de jeunes adolescents se préparent, tout en s'appliquant aux études grammaticales, aux cérémonies religieuses et aux fonctions du service Divin. Jeunes Samuëls sous l'œil de Dieu qui les garde, ils grandissent loin du bruit et du contact des enfants du siècle, à l'ombre du sanctuaire.

Cette institution (sublime dans son principe, puisqu'elle avait pour but d'entretenir dans une perpétuelle innocence ces anges de la terre qui devaient aider le pontife au moment du sacrifice) mériterait tout respect si ceux qui en ont la charge remplissaient toujours leur mission.

Mais hélas, il en était de cette maison comme de beaucoup d'etablissements religieux, le vice y exerçait sa puissance avec d'autant plus d'éclat, qu'un triste exemple l'avait fait éclore dans l'âme de ces adolescents. Cette institution sortait à peine d'une crise affreuse qui avait failli entraîner sa perte. Un prêtre (1), un malheureux prêtre, usant de son autorité et de son influence, avait troublé la conscience de ces pauvres créatures et les avait malheureusement portées au mal. Connu, hélas! trop tard, de nombreu-

(1) C'était un prêtre auxiliaire.

ses victimes avaient eu le temps de devenir le jouet de ses ignobles lubricités. Enfin, heureusement surpris sur la déposition d'un effrayant témoignage, il fut éconduit sur les frontières françaises et condamné à une perpétuelle déportation. La maîtrise, pendant ces temps, confiée au soin d'un homme vertueux qui eut pu la relever s'il s'en fut donné la peine, semblait toucher à sa fin.

C'est au mois de juin de l'année 1867, quelques mois après cette malheureuse affaire qui venait d'émouvoir nos cours criminelles, que je pris la direction de cette institution si profondément dégradée dans l'opinion publique.

Elle ne comptait alors que vingt à vingt-cinq élèves. Le directeur que je venais de remplacer, au lieu de déployer, je le disais tantôt, toute l'attention qu'eût exigé alors la maîtrise pour sortir de l'ignominie où venait de la jeter le crime de cet infâme ministre, la laissait dépérir. Cet honnête homme, qui ne manquait ni de science, ni d'expérience, avait compris que pour vivre en paix avec ce curé, les vicaires devaient perpétuellement s'effacer. C'est le système que j'aurais dû suivre, si j'eusse cherché mon bonheur.

Dès que la maîtrise me fut confiée, je mis une ardeur fiévreuse à examiner, dans tous ces détails, cette œuvre qui devait crouler à la grande satisfaction du curé et de mes dévoués confrères. Je ne tardais pas longtemps à comprendre que si j'avais été revêtu de cette charge, ce n'était qu'au refus de ceux qui attendaient, avec impatience, l'heureux moment qui allait m'humilier profondément. J'espérais bien leur ravir cette joie. L'année scolaire touchait à son terme. Ce n'était point le moment des réformes. Aussi, ne fis-je guère que celles qui étaient absolument nécessaires, par exemple : le maniement des fonds, la discipline, la morale.

La distribution des prix approchait. C'était au 27 août que, du consentement du curé, j'avais fixé cette cérémonie. Je voyais dans cette circonstance une occasion favorable pour relever en public la maîtrise de la triste réputation qui semblait l'avilir. Je me mis à la recherche d'un drame capable d'impressionner, ce jour là, vivement la foule. L'ayant trouvé, je le divisai par rôles et le distribuai sans tarder aux enfants qui l'apprirent, tant ils étaient joyeux, avec une facilité merveilleuse. Ce premier pas fait, il en restait un autre important et grave : le débit ou l'action.

Cette occupation fut pénible et laborieuse. Un moment, la difficulté parut si grande que je crus mon plan renversé. Néanmoins les enfants apportèrent dans cette étude toute sérieuse une volonté si supérieure à leur âge qu'elle mérita leur succès. Toutefois, je dois ce détail, il y avait parmi mes jeunes acteurs un élève que je jugeais incapable d'accomplir jamais son rôle, d'autant qu'il manquait toutes les répétitions. Je crus devoir le remplacer par un tout petit enfant, bien jeune il est vrai, mais espiègle, vif et alerte que je reconnus bientôt comme le plus intelligent. Il s'en acquitta à merveille et devint promptement le maître de ses condisciples. Malheureusement cette action que je jugeai sans importance allait hâter ma perte en précipitant de fatales circonstances que je n'avais point prévues.

L'enfant que je renvoyais appartenait à une famille qui avait eu l'heureux talent d'intéresser le curé par de nombreux dons qu'elle envoyait sans cesse au presbytère. C'est avec la mère de cet enfant que j'allais engager la lutte. Cette femme se souleva contre moi avec une indignité qui sentait le mépris, me parla en souveraine, me commanda avec le dédain que lui dictait l'assurance du succès. Vivement intimidé devant sa hardiesse, j'hésitai un instant, puis, justement indigné contre celle qui venait d'attaquer ma direction, je me soulevai dans toute la fierté de mon autorité, et lui signifiai ce que mon devoir me commandait en ces circonstances. Cruellement blessée dans son orgueil, elle s'en fut, se promettant bien qu'à l'arrivée du curé, qui était alors aux eaux, elle aurait raison contre moi. Je n'en crus rien, je me trompais vivement. Extraordinairement affecté au récit de cette femme qui savait toujours l'intéresser, il s'indigna contre ma conduite qu'il osa appeler devant elle légère et stupide ; puis s'adressant à moi, il m'ordonna de redonner promptement à cet enfant le rôle qu'il avait eu d'abord. Je persistai dans ma résolution. Il persista dans la sienne. Ennuyé enfin de cette lutte il m'appelle chez lui ; il avait dans son regard je ne sais quoi de cruel, qui m'eût fait reculer d'épouvante si j'eusse redouté sa présence.

« Il faut obéir, me dit-il, ta conduite devient sotte et « ridicule, tu recherches l'effet dans cette distribution !

« *Bêtise, bêtise*, c'était son grand mot, tu feras fiasco « complet........ Il n'y a pas à tergiverser, c'est moi qui commande ! obéis ! »........

A l'instant, lui dis-je, monsieur le curé, seulement, reprenez le commandement que vous m'aviez confié, voici les livres et les comptes, il ne sera pas dit qu'étant le directeur, une femme et un enfant auront changé une détermination fondée sur l'utilité et la raison ; et ce disant je laisse le curé dans son cabinet.

Après mon départ, il réfléchit sérieusement ; ayant compris mon courage, il revint doucement vers moi.

Il affecta à mon égard des tendresses que je redoutais plus que le mépris. — « Enfant, me dit-il (écoute ce détail « mon frère, il te donnera une juste idée de la grandeur « d'âme de cet homme), il faut te charger, puisque tu mé- « prises mes ordres, de prévenir cette famille de ton « opiniâtre persistance dans le projet que tu as conçu. » — C'était, ce me semble, se ménager bien adroitement les bonnes grâces de cette mère. Je le fis, et m'exposai une seconde fois aux nouvelles insultes de cette femme.

Les derniers jours de l'année scolaire touchaient à leur terme. Le jour de la distribution était proche. A cette époque je fis dresser, par les ouvriers de la fabrique, dans la cour du presbytère, un magnifique théâtre. Je priai un peintre-décorateur de me procurer tout le matériel nécessaire à l'exécution de cette pièce. Les choses allaient à merveille. Tout faisait présumer un heureux succès ; succès d'autant plus flatteur pour les parents et les invités, que, jusqu'à ce jour, pareille entreprise n'avait été tentée par aucun directeur. Aussi, ces préparatifs firent-ils éclater l'orage qui grondait sourdement près de moi.

Rien n'allait être épargné dans cette lutte où allait m'appeler le curé. Pour m'immoler à sa volonté, que j'avais hélas ! méconnue, il déchaîna contre moi tous les feux de son implacable colère, m'étreignit avec rage sous les coups de son inénarrable jalousie, prit un superbe plaisir à me déshonorer doucement devant un public vendu à sa cause.

A chaque moment du jour, à partir de cette fatale circonstance, mon cœur était écrasé sous le poids des paroles les plus méprisantes, des humiliations les plus outrageantes. Je fus traité en véritable esclave par cet homme qui devint mon vrai tyran : Ironies, insultes, rien ne fut épargné. Il décourageait les ouvriers que j'occupais au théâtre, en leur arrachant l'espoir du gain que je leur avais promis. Devant mes élèves, il méprisait mon autorité. En présence de mes confrères ou devant cette race de vils sacristains, c'était une suite d'injures que je n'ose citer, tant elles étaient blessantes. Malheureuse victime entre les mains de cet homme qui torturait mon existence, je devais garder le silence, sous peine d'être écrasé sous les coups de cette autorité qui peut tout au dépend de la liberté et du droit. Quel supplice ! Il dura deux ans !!! Cependant, vivement ému de toutes ces tracasseries; cruellement affecté de voir mes soins et mes peines si dédaigneusement interprêtés, je dus, devant l'ardeur d'un mal que j'avais négligé, me retirer du combat la veille du grand jour. La maladie devint sérieuse, le médecin hésitait et présageait un fatal dénouement. Mes amis craignaient pour moi un transport au cerveau, qu'heureusement l'art du docteur sut éloigner. Cependant, la distribution des prix avait eu lieu au milieu d'une société nombreuse, accourue bien avant l'heure dans le local trop étroit du presbytère. Les enfants avaient exécuté, en véritables artistes, les rôles qui leur avaient été confiés. La foule les avait salués d'applaudissements chaleureux et avait acclamé avec bonheur leur succès.

Le curé, ce jour là, glorieusement assis sur le théâtre que j'avais mouillé des larmes qu'il me fit si souvent répandre, osait sourire à ces enfants et semblait participer à leur fête. Il n'en était rien ! La colère et la vengeance agitaient son cœur et tourmentaient son âme. Non content de jouir tout seul d'une gloire qu'il n'avait point acquise, il osa pousser plus loin sa haine et porter en public le dernier coup à ma douleur et à sa honte.

La distribution achevée, il prit la parole, fixa le jour de la rentrée des classes, complimenta les élèves, (c'était juste), et ne dit pas un mot du directeur qui avait tout fait, tout préparé et dont l'absence inquiétait sérieusement les personnes réunies pour cette fête. Cette triste nouvelle me fut apportée le soir même par des amis qui venaient consoler les douleurs de mon existence. J'y fus très sensible. A ce fait, je compris toute la méchanceté de cet homme, que, ni l'infortune, ni le malheur de sa victime ne pouvaient modérer. Grand Dieu ! m'écriai-je, quel est donc ce ministre? Jusques à quand me faudra-t-il souffrir encore ! O ciel ! est-ce là l'ange consolateur qui devait conduire par la main le jeune lévite que tu avais confié à sa sollicitude et à son amour !!!

Une fois rétabli, j'oubliais toutes mes anciennes douleurs, et poursuivis avec courage l'œuvre que je voulais réédifier. La rentrée des classes me préoccupait vivement. Elle devait, en augmentant le nombre de mes élèves, faire triompher mes idées et me venger avec éclat. Le résultat que j'attendais dépassa toutes mes espérances. Je dus chercher un plus grand local, prendre un nouveau professeur. Au mois de novembre de l'année 1867, je comptais déjà soixante-et-dix élèves. Encouragé par ce glorieux début, je disposai les classes, choisis les livres, et organisai tout ce qui devait amener d'heureux résultats dans les études. Quelques mois après, la maîtrise jouissait d'une excellente réputation, résultat d'une sérieuse administration et d'une sage discipline. Cependant, le curé n'avait point changé ses dispositions à mon égard ; elles étaient toujours les mêmes, peut être plus hostiles, parce qu'elles devenaient plus secrètes, d'autant que les succès toujours croissants de la maîtrise n'étaient point de nature à l'apaiser. Toutefois, je ne le cache point, il m'aurait été très agréable, tant cette lutte avec ce cruel tyran devenait inégale et terrible, de ramener vers moi, s'il eut été possible, cet homme dur et méchant. Il m'était pénible de poursuivre toujours mon existence à travers des inquiétudes perpétuellement renaissantes. J'avais bien, il est vrai, au foyer paternel, ma mère, cet ange que Dieu avait placé auprès de moi pour adoucir les douleurs de ma vie. Sans doute, une parole de cette femme, toujours dévouée, apaisait mes ennuis. A son contact, mon âme redevenait sereine et s'épanouissait avec bonheur sous le charme de ses suaves entretiens. Mais cette mère, qui comprenait si bien mon existence et la partageait avec tant d'héroïsme, malheureusement pour moi, heureusement pour elle, ne me suivait point partout.

Elle eut expiré mille fois si elle eut aperçu, un instant, le mépris dont son fils était l'objet, de la part de ceux qui l'entouraient, fière, comme elle l'était, d'un fils qu'elle croyait supérieur à tous les autres ! Pauvre mère ! qu'eût-elle dit, qu'eût-elle pensé, si elle m'eût vu sous les coups des insultes qui pleuvaient sur moi, de toute part, dans la sacristie, cet éternel théâtre de mes misères !!

Qu'eut-elle pensé, cette mère, si elle m'eût vu si indignement traité, si ironiquement dénommé, devant cette assemblée où, le curé en tête, conspirait ma perte et voulait ma ruine.

Qu'eut-elle pensé ? Elle eut peut-être douté de la foi de ses pères ! Elle eut rougi, avec raison, de ces hommes qui s'élèvent et grandissent toujours au mépris de l'honneur, du droit, de la liberté, qu'ils osent cependant défendre.

Comment ramener ce curé qui m'avait voué une éternelle haine ? Tel était le problême que j'osais me poser dans la simplicité de mon âme, et que j'essayais, cependant, de résoudre. Je profitai du moment où le curé s'était éloigné de la paroisse, pour tenter une surprise, qui aurait dû le satisfaire. Les enfants de la maîtrise, qui aidaient le prêtre dans les fonctions sublimes du ministère, n'avaient point encore, pendant les cérémonies religieuses, ce cachet angélique que leur donne presque toujours cette élégante robe de fin lin, quand elle est gracieusement appropriée à leur taille. Les faibles ressources de la paroisse n'avaient jamais permis cette dépense. J'essayai, cependant, cette entreprise, dont le bon résultat allait mettre en relief, parmi les premières, la maîtrise qui avait si promptement grandi. Toutefois, avant que de l'attaquer, il fallait trancher une difficulté, qui fut devenue sérieuse, si elle n'eût été attentivement étudiée. En fournissant à chaque élève de riches costumes, il fallait songer aussi à une chaussure dont l'uniforme devait produire une complète harmonie. Mais, qui donc charger de cette dépense ? Ici naissait l'embarras. Pour moi, c'était impossible, mes faibles ressources étant impuissantes pour contracter une telle dette. La fabrique ? c'était sottise d'y songer ; déjà, qu'à la grande exception de toutes les autres, elle laissait à la maîtrise tous les frais de lingerie, et retenait, injustement, les honoraires que les enfants avaient mérité, en allant assister aux sépultures et aux cérémonies funèbres. C'était donc aux parents qu'il fallait nécessairement s'adresser. La tentative n'était point facile. Les parents, c'était le plus grand nombre, étaient, il est vrai, dans une avantageuse aisance ; néanmoins, je compris qu'il ne leur serait certainement pas agréable d'acheter, au profit de l'église, des chaussures qui ne devaient jamais sortir des armoires de la sacristie. Cependant, je tentai courageusement l'entreprise. Cette proposition fut promptement rejetée par une unanimité qui m'eut vaincu si j'eusse été faible. J'attendis. Toutefois, le temps pressait. Il fallait se déterminer ou renoncer à jamais. Je tentai une seconde fois mon projet, et tâchai de saisir adroitement l'amour-propre des mères, en leur faisant sentir toute l'émotion qu'elles éprouveraient au jour où elles verraient leurs enfants si richement vêtus.

Cette tactique me sauva. Les parents n'osèrent se refuser à ma demande, et l'approuvèrent alors. Ce glorieux résultat me rendit vraiment heureux. Je compris que j'étais aimé dans la paroisse ; j'espérais, enfin, me faire aimer du curé. Vaine espérance encore ! Le curé sourit d'abord, le jour où il vit, pour la première fois, les enfants monter à l'autel sous un si gracieux costume. Il affecta, même durant toute la cérémonie, d'en être heureusement surpris ; lorsque, quelques jours après, j'aperçus, à mon grand étonnement, de noirs nuages qui s'amoncelaient encore à l'horizon, pronostic d'un prochain orage. Qu'avait fait le curé ? Il s'était entendu, à mon insu, avec certaines personnes ennemies de mes innovations, et, leur promettant son concours, les avait encouragées à une vive opposition. Cette action le servit à merveille. Ces personnes, souverainement soutenues, me firent une terrible résistance, ce que voyant, le curé s'approcha de moi avec tendresse, me promis son appui et son aide, se fit mon protecteur et m'assura qu'il aurait raison de ces bruits, pourvu qu'une autre fois j'eusse recours à son autorité. Quelle loyauté ! quelle grandeur d'âme ! quel noble caractère !!! Décidément, je m'avouai vaincu, cet homme était véritablement intraitable. Toute lutte devenait impossible. Terriblement découragé, j'allai me retirer du combat et chercher, dans un centre d'hommes libres, probes et honnêtes, la paix et le bonheur que je ne pouvais obtenir avec ce .... curé.

Cependant, le moment ne me semblait point encore propice. Sans doute, je comptais sur l'opinion publique, le jour où, quittant à jamais ces prêtres qui m'avaient trompé, je révèlerai à la société les maux que j'eus à souffrir de leur part, parce que, libéral, j'avais refusé de me prêter au caprice d'une intolérance ridicule. Cependant, mon honneur et mon amour-propre étaient sérieusement en jeu, il fallait avancer encore, au risque de tomber sous les coups toujours plus terribles de ce cruel despote. M'inspirant du devoir que je devais pratiquer et m'aidant du public qui favorisait mon zèle, je continuais courageusement ma route. Triste représentant du Christ, m'écriai-je, il ne sera pas dit que tu m'auras terrassé sur la voie que je devais suivre ! J'avancerai, malgré toi ! jusqu'à ce que, me retirant de plein gré de l'arène où tu voulais me couvrir de honte et d'opprobre, je flétrisse ta mémoire, j'avilisse ton nom, je dévoile ta méchanceté !

Les fêtes de la Noël arrivaient conduisant après elles leur joyeux cortége de naïves légendes. Je pensais qu'il serait à propos de tenter un nouveau coup d'essai. Jusqu'à ce jour, la maîtrise s'était déjà distinguée en bien des choses. Il m'aurait été agréable d'organiser, pour cette circonstance, une messe en musique. La facilité de mes élèves et leur bonne volonté me faisaient présager un heureux résultat. Je communiquai mon plan au curé qui, par extraordinaire, l'approuva et sembla l'encourager. Sans doute qu'avec sa vieille expérience, découvrant de nombreux obstacles, il espérait un insuccès. Cependant, à mesure que j'avançais, les difficultés devenaient insurmontables. Avec le concours des enfants il me fallait celui d'un bon nombre d'hommes dévoués. Certainement j'espérais bien, à force de recherches, réunir quelques choristes pour le jour de l'exécution, mais cela n'était pas suffisant. La musique était difficile et les enfants, encore sans exercice, réclamaient aide et secours. Cependant je dois à la louange des messieurs qui me prêtèrent généreusement leur assistance, qu'ils furent au-delà de ma demande. Car, à mon grand étonnement, pendant vingt soirées de suite, malgré les vents, les pluies et les frimas de décembre, ils daignèrent assister à toutes les réunions. Le curé, tant qu'il s'aperçut que j'étais sérieux et triste, se montra doux et aimable, j'allais dire dévoué. Il devinait mes ennuis et voulait les partager. Mais le jour où, plein d'espérance parce que l'exécution s'annonçait sous d'heureux auspices, je parus joyeux et gai, il redevint sévère et méchant. Jusqu'à ce jour il m'avait promis qu'il avertirait les fidèles de la fête qui se préparait dans l'ombre : Il n'en fit rien. Le jour de la Noël, grâce au secours de quelques pauvres enfants tentés sans doute par l'appât du gain, je pus tout organiser sur le lieu de l'exécution ; les officieux sacristains, soumis aux ordres du maître, s'abandonnaient doucement au repos.

L'exécution, néanmoins, dépassa mon attente. De très-bonne heure les fidèles avaient envahi l'église. Visiblement émus, ils écoutaient avec ravissement ces voix argentines qui se soutenaient avec une harmonie remarquable sous un puissant accord de voix d'hommes. En ce moment mon curé était pâle de colère. A voir les traits crispés de son visage, ses lèvres immobiles, on saisissait promptement tout ce que son âme recélait contre moi de jalousie et de vengeance. A l'issue de la cérémonie, un grand nombre de personnes que je connaissais à peine vinrent me féliciter et m'encourager. Elles paraissaient joyeuses et semblaient se raconter avec bonheur mes succès et l'heureuse transformation que subissait la paroisse sous une active influence ; le curé et mes chers confrères évitèrent seuls ma présence, probablement pour s'épargner un compliment dont je leur fis volontiers grâce. Le soir de cette solennité, le curé félicita, selon l'usage, ses ouailles, leur offrit ses souhaits et n'adressa pas un mot d'éloge à ces hommes dévoués qui s'étaient empressés pour cette fête.

Frères dévoués, qui m'aidâtes avec tant de générosité dans cette œuvre laborieuse et difficile, soyez mille fois bénis : et si je ne craignais que vos noms ne fissent connaître cet homme que la religion hélas protège , je vous signalerais avec bonheur ! Qu'il vous suffise de savoir que vous êtes dans mon cœur et que c'est à vous que je dois une des plus douces émotions de ma vie sacerdotale !!!

Depuis cette journée, le curé ne m'adressa plus la parole. A voir l'air dédaigneux et brutal qu'il avait pour moi, un étranger (il ne se gênait guère en public), m'eût cru coupable de quelque crime. Vivement indigné, cependant, devant cet excès de méchanceté, je devins fier moi-même et suivis son exemple. Ce que voyant, le curé devint timide. Redoutant, probablement, les effets de la colère qu'il venait de soulever dans mon âme, il s'approcha de moi avec tendresse et feignit une fois encore une douceur qui ne devait plus m'émouvoir. Il me fit entendre que cette fête n'avait point été si brillante, comme des flatteurs, désireux de me perdre, avaient osé le dire. Que j'avais mal choisi mes amis et que mes idées, plutôt libérales que catholiques, m'avaient entrainé à admettre, dans l'église, des hommes ignorants de leur religion et oublieux de leurs devoirs. Je répondis avec fermeté à ces fausses propositions et lui fis connaître, avec toute la sincérité possible, mes véritables opinions. Cet aveu imprudent devait me perdre. A cette époque, j'avais triomphé avec éclat. Je sortais victorieux de la lutte.

La maîtrise était arrivée à l'apogée de sa gloire. Je n'avais plus rien à redouter, plus rien à souhaiter. J'avais obtenu ce qu'on avait cru irréalisable. Le curé et mes confrères furent contraints au silence et allèrent préparer dans l'ombre des traits plus aigus, qui devaient sûrement m'atteindre.

Cependant le curé, voyant que mon influence au milieu de cette population toute dévouée à ma cause allait toujours grossissant, se promit d'en tirer bon parti.

La fabrique succombait alors sous des dettes qui déplaisaient vivement à chaque conseiller : Le curé, qui voulait mériter leur bonne grâce, profita de cette occasion. Pensant que je serais heureux d'avoir quelques fonds à ma disposition pour créer bien des choses qui, sans être précisément nécessaires, devaient tourner à la gloire et à l'utilité de la maîtrise, me fit cette proposition, bien capable de flatter mon amour propre.

« Il faudrait, me dit-il, faire une loterie? Tu es actif et « habile (il savait alors flatter) ; tu peux, si tu veux, « facilement réussir. En faveur de ta maîtrise, les fidèles « ne sauraient rien te refuser, tu peux aller librement « dans toutes les familles, je t'assure une bonne rétri- « bution. »

J'acceptai et m'empressais immédiatement.

Quinze jours après ce projet, j'avais déjà réuni une centaine de lots, et les disposais dans une salle préparée tout exprès à cet effet, tandis que je plaçais, avec grand succès, les billets que j'avais commandés.

Quand arriva le jour du tirage de la loterie, le curé prétendit que je n'avais pas agi avec assez d'ardeur, et me mit entre les mains une somme que je n'ose citer tant elle était dérisoire.

A ce coup, qui était un coup de maître, je compris toute...... l'habileté de cet acteur, qui savait si bien exécuter son rôle. Dès ce jour, je me retirai définitivement de la maîtrise, et l'abandonnai dans l'heureux état où je venais de la placer, d'autant que de nombreuses occupations m'appelaient alors autre part.

A ce moment, la population me réclamait sans cesse, les femmes se pressaient à mon confessionnal, les hommes et les jeunes gens fréquentaient ma demeure, aimaient à s'entretenir avec moi. A cette époque, le curé m'essaya à la prédication. Jusqu'à ce jour, j'avais vécu dans l'ombre, faisant seulement ma petite homélie, toutes les fois que le devoir l'exigeait. J'acceptai son offre (c'eût été ridicule de refuser), d'autant que tous mes confrères avaient répondu déjà à son invitation.

Aussitôt je préparai une courte instruction que je récitai avec toute la timidité et la crainte d'un jeune débutant.

Le public approuva mon genre, prit plaisir à mon récit et surtout loua fort ma modestie. Ce succès ne devait point m'éblouir ; il n'était pas difficile, dans une paroisse où mes confrères n'étudiaient point l'éloquence. Le premier s'en allait dans un dialecte incorrect et barbare, écorchant, sans pitié, la langue française, qu'il eût bien fait d'apprendre : Le second courait, en égaré, après des phrases toujours décousues, que son impuissante mémoire tâchait de rejoindre. Mon curé répondit par un compliment à mon début : c'était le premier, il devait être le dernier.

La population, cependant, je ne sais trop pourquoi, peut-être à cause de ma jeunesse, manifesta le désir de m'entendre encore. Le curé accepta cette proposition, sans doute pas par amitié pour moi, mais en vue de ses intérêts et de ceux de la fabrique, qu'il savait toujours si adroitement calculer. Mon second sermon acheva ma petite réputation de jeune prédicateur. A cette époque, je dois cet aveu, non pas à ma gloire, je l'ai toujours méprisée, et si je l'ai recherchée quelquefois ce n'a été que pour le bien de mes frères ou de la cause que je devais défendre ; en ces circonstances, dis-je, des personnes éminentes et de bonne réputation vinrent m'encourager à l'étude, afin d'obtenir le succès qu'ils me promettaient en éloquence. Quoique le curé comprit que mes instructions plaisaient aux fidèles, jamais, devant moi, il ne parut le comprendre. Au contraire, plus je prêchais, plus il me tourmentait et m'attaquait sans cesse ; tellement que, cruellement déçu dans toutes mes espérances, j'allais encore me retirer de ce théâtre, quand une nouvelle maladresse de sa part vint hâter ma résolution. Il avait été déterminé, entre nous, que je prêcherais tout le mois d'octobre de l'année 1868. Déjà, j'avais donné deux sermons; chaque fois le nombre des fidèles allait grossissant davantage. J'allais donner mon troisième, quand, sur un caprice que je ne compris point (cette détermination était-elle survenue à la vue d'un auditoire plus nombreux que de coutume), il me fut dit de ne point prêcher. J'obéis à l'instant et me soumis au silence. Cette défense. toute précipitée, avait profondément humilié mon âme. A partir de ce jour, j'arrête mon plan, et prends la résolution de sortir au plus tôt de cette secte où, esclave, je devais étouffer tous les grands mouvements et toutes les vibrations de mon cœur. Que faire, en effet, avec ces hommes qui tourmentaient, depuis deux ans, avec une persistance à toute épreuve, ma pauvre existence? Que faire avec ces hommes qui, au mépris des grands sentiments de la nature, ne m'offraient, après les sacrifices de ma vie, que mépris, honte et injure? Que faire, en effet, avec ces hommes qui enchaînaient ma parole, retenaient mon activité, méprisaient mes efforts, insultaient mon ministère, attaquaient sans pitié mes amis, mes frères et mes pères? Les mépriser et les fuir!!!

En ces circonstances, ma mère tomba dangeureusement malade, mes ennuis et mes chagrins avaient assombri ses jours et hâté ses maux. Par une fatalité que le Créateur avait dû probablement susciter, le médecin méconnut son mal et au moment où dans l'attente d'une guérison prochaine je me réjouissais avec bonheur, la mort l'arracha sans pitié à ma profonde affection. Cette catastrophe, d'autant plus terrible qu'elle fut imprévue, m'ébranla fortement. Après cette cruelle séparation, une affreuse nuit s'étendit autour de moi. La plus profonde solitude envahit ma demeure. Habitué comme je l'avais été avec cette affectueuse mère aux charmes d'une naïve expansion, ce long silence qui régnait perpétuellement autour de moi accabla mon être d'une épouvantable tristesse. Je crus un moment que j'allais aussi cesser de vivre, et assurément j'eusse tombé malade et peut être succombé, si de tendres et dévoués amis n'eussent eu la générosité de me tirer du triste abandon où je gémissais depuis la mort de ma mère.

En présence de cette catastrophe qui eut ému l'homme le plus farouche, le curé resta insensible : il vint chez moi tout organiser pour les funérailles, qu'il voulut, par ostentation, présider lui-même, m'assura l'assistance du clergé de la paroisse, assistance que je dus largement payer après ; ce pieux ministère accompli, il me laissa dans l'isolement qu'il ne daigna pas interrompre un seul petit instant.

Bien plus, il osa me refuser quelques jours de vacances qu'un grand vicaire, c'était un de mes parents, osa lui demander avec supplications en mon nom. Barbare et cruel (il avait juré de l'être jusqu'à la fin), il poussa sa vengeance jusqu'à mépriser mon deuil en public. Un dimanche, qu'un sommeil longtemps attendu (il y avait trois jours à peine que ma mère était morte), m'avait fait oublier de quelques minutes mon devoir, le curé ne dédaigna pas se servir de cette circonstance pour m'humilier profondément en me rappelant à l'ordre.

La population, cependant, devenait pour moi toujours plus affectueuse ; elle prit une part bien sensible à ma peine et m'entoura, je l'en remercie bien sincèrement, d'une sympathie qui adoucit vivement ma douleur. De nombreuses familles me réclamaient alors avec bonheur et voulaient que je vinsse oublier au milieu d'elles les ennuis qui accablaient mon âme. Je refusai, crainte d'éveiller des susceptibilités qui eussent tourné à mon désavantage dans une paroisse où quelques ennemis vendus au curé cherchaient ma perte et désiraient ma ruine.

A cette époque, une jeune personne, à laquelle je ne pris garde d'abord, vint, avec une assiduité trop exagérée , aux divers exercices de la paroisse, pour n'être point remarquée, d'autant que sa pose toute particulière, j'allais dire extravagante, faisait bientôt supposer qu'une pensée toute étrangère à la sainteté du lieu, la guidait dans l'église. Cependant cette trop grande régularité qui allait toujours crescendo, finit par m'éclairer bien à propos. Je compris qu'un but qu'elle avait eu soin de cacher d'abord, mais qu'elle ne pouvait plus longtemps déguiser, était le mobile de cette piété qui avait été peut-être achetée. Elle sortait toujours la dernière de l'église, et encore faisait-elle en sorte de se montrer toujours à moi dans le parcours que je devais suivre pour gagner ma demeure. Tandis que la conduite de cette jeune demoiselle me préoccupait vivement, elle vint me trouver chez moi. Je la reçus, c'était mon devoir, avec douceur et bonté ;

elle prit cela, je le crois, pour de la tendresse et devint, à partir de ce jour, d'une exactitude véritablement ridicule, tant elle était extraordinaire. Il y avait trois mois déjà que cette comédie se jouait devant une population émue d'indignation contre un curé qui n'avait rien dit ni rien fait pour arrêter l'effronterie de cette jeune personne.

Le peuple paraissait furieux contre cet homme qui, au mépris du devoir, laissait à cette jeune fille une liberté qui eût compromis un jeune prêtre, s'il n'eût été sage et prudent. En ces circonstances, des amis, pleins pour moi d'une affection (ce n'était point des dévots), pure et toute désintéressée, voyant mes ennuis, m'encouragèrent à me mettre en garde contre un scandale qui pouvait être adroitement préparé. Je fis alors ma déclaration au commissaire des mœurs, qui fut sensible à ma douleur et tout empressé pour moi. Je lui expliquai tous les détails de cette ignoble histoire et attendis avec fermeté de nouvelles éventualités. Cette jeune personne, pour m'attirer plus facilement à elle, me fit hommage de certains objets d'art que je fis immédiatement rapporter à sa mère par des personnes dignes de toute confiance. Cette comédie cependant devenait trop longue pour la laisser se continuer encore. Je crus à propos d'en prévenir le curé. Ce que je fis. Quand il sut que je m'étais conduit si dignement au milieu des périls qui m'avaient environné de toutes parts, il resta interdit, loua fort ma conduite et me promit, c'était un peu tard, son aide et son appui. Ah! s'il m'eût été permis de lire dans cette conscience, peut-être eussé-je découvert un honteux projet. Elle m'eût peut être montré le plan ignoble qui devait, en emmenant ma perte, m'avilir à tout jamais aux yeux de cette pieuse population.

Heureusement pour mes amis et pour moi, je fus vainqueur, et contraignis mes ennemis au silence.

Eh oui ! malgré toi, lâche ministre, je sors victorieux de la lutte qui devait, c'était ton désir, ternir mon honneur et mon ministère. A moi maintenant de proclamer au grand jour la duplicité de ton âme, la haine de ton cœur. A cette époque, un ignoble ministre, ils ne sont pas rares, qui, jusqu'alors m'avait habilement exploité en trompant la sincérité de mon cœur, devint mon autre bourreau. Se couvrant du doux nom d'ami, il me poursuivait sans cesse, étudiait tous mes actes, suspectait toutes mes relations, allait jusqu'à deviner mes idées, afin d'y découvrir quelques nouveaux griefs d'accusation qui devaient attirer sur moi les insultes du curé. Cet indigne successeur du Christ m'attaquait à chaque instant, éloignait mes amis de ma demeure, en inventant d'injustes calomnies sur mon compte. Chaque jour, cet homme me rendait mon isolement plus sensible. Enfin, après m'avoir tout ravi, sinon la paix de mon âme, quand la solitude régna partout autour de moi, ces deux bourreaux eurent un regret ; il me restait encore un père et un jeune frère ; ils découvrirent là encore deux nouvelles victimes qu'il fallait immoler à leur jalousie et à mon amour.

« Ecoute, me dit un jour le curé sans autre préambule, « ton père donne le scandale dans cette paroisse que tu « dois édifier. Il t'appartient de lui commander le devoir « qu'il oublie et de l'éloigner promptement d'avec toi. » Je te laisse dix jours pour te déterminer, sinon j'en appellerai à l'autorité écclésiastique, qui avisera à cet effet.

Vivement indigné d'un tel entretien, où mon père, vieillard respectable et honnête avait été si odieusement calomnié au mépris de la piété filiale que ce vil monstre d'iniquité osait acheter, je me soulevai dans toute la vigueur de ma dignité offensée. — « Monsieur le curé, c'en est assez, il y a déjà trop longtemps que vous me poursuivez sans m'atteindre, vous avez porté aujourd'hui le coup qui doit m'abattre.

Ce dernier outrage à la piété filiale m'a vaincu, je me rends enfin à votre volonté. Je quitte le poste que je devais garder au mépris du père que la religion naturelle me commande d'aimer. A moi maintenant de venger ma cause et de vous avilir au grand jour. Le soir même de cette mémorable journée, j'écrivais ma lettre de démission et quittai, dans toute la puissance de mon ministère, la paroisse que j'avais profondément aimée et pour laquelle je m'étais entièrement sacrifié.

ÉPILOGUE

Le jour de mon départ, je ne le cache pas, mon frère, un terrible combat anéantit mon âme. Jeune et sans expérience, je quittais tout ce que j'avais de plus cher ici-bas, pour m'en aller, seul avec mon espérance, à la découverte d'un monde honnête et libre.

Il me fallut une conviction énergique et une volonté à toute épreuve pour abandonner ce séjour où, si j'eusse voulu sacrifier ma conscience, serait devenu pour moi le plus doux et le plus suave foyer du bien-être. Rien n'arrêta ma puissante détermination. Ni les cris séditieux d'un peuple ameuté contre moi, ni les menaces des jésuites en redingote, indignes calomniateurs, injustes spoliateurs de l'homme qui fuit leurs rites, ni les ignobles médisances qu'on répandit sans pitié sur mon compte. Rien ne m'arrêta !! Mon cœur indigné s'était soulevé. Il avait juré d'abandonner ces hommes qui avaient trompé mon attente.

Dévoué partisan des héros qui, en 89, constituèrent la France sur des bases immortelles, je devais me rendre libre pour pratiquer leurs vertus.

Gloire à Dieu ! j'ai fui avec bonheur le séjour du despotisme. Ma pensée ne rencontre plus d'obstacles, je les ai renversés sur mes pas !

Que ceux qui ont osé m'attaquer, se montrent maintenant, je saurais me défendre ! !

Que ceux qui ont osé jeter après moi de méprisantes paroles, d'injurieuses épithètes, se montrent maintenant ! Qu'ils sortent des ténèbres et manifestent au grand jour leur blâme ! Qu'ils se montrent ! je saurais les couvrir de honte et les forcer au silence !!

Libre à jamais, je méprise leur insulte ! Oui, j'ai quitté l'Arche Sainte ! j'ai déserté l'autel ! Est-ce un crime !! Non !! Le vœu qui me liait et me condamnait à rester aux pieds du sanctuaire, n'enchaînait point ma conscience !

Fait à une époque où ne connaissant que sous un faux jour le monde que j'allais quitter, ma promesse n'était point délibérée, par conséquent, légère et impudente : d'autre part, l'objet de ce vœu contrariant ma liberté, je ne devais point le garder.

La voix de Dieu c'est le cri de l'âme. Grand par le caractère, noble par les sentiments, je ne devais point tromper ni cacher ma pensée. J'ai vu la vérité, j'ai reconnu l'erreur. Je me dois au devoir. Loin de moi les ténèbres. A moi la lumière. A toi mon frère d'approuver ma détermination, à vous mes amis de me soutenir dans cette lutte toute à la gloire de Dieu, de la liberté, de la raison.

MARSEILLE. — IMP. COM. J. DOUCET, RUE MOUSTIERS, 7.

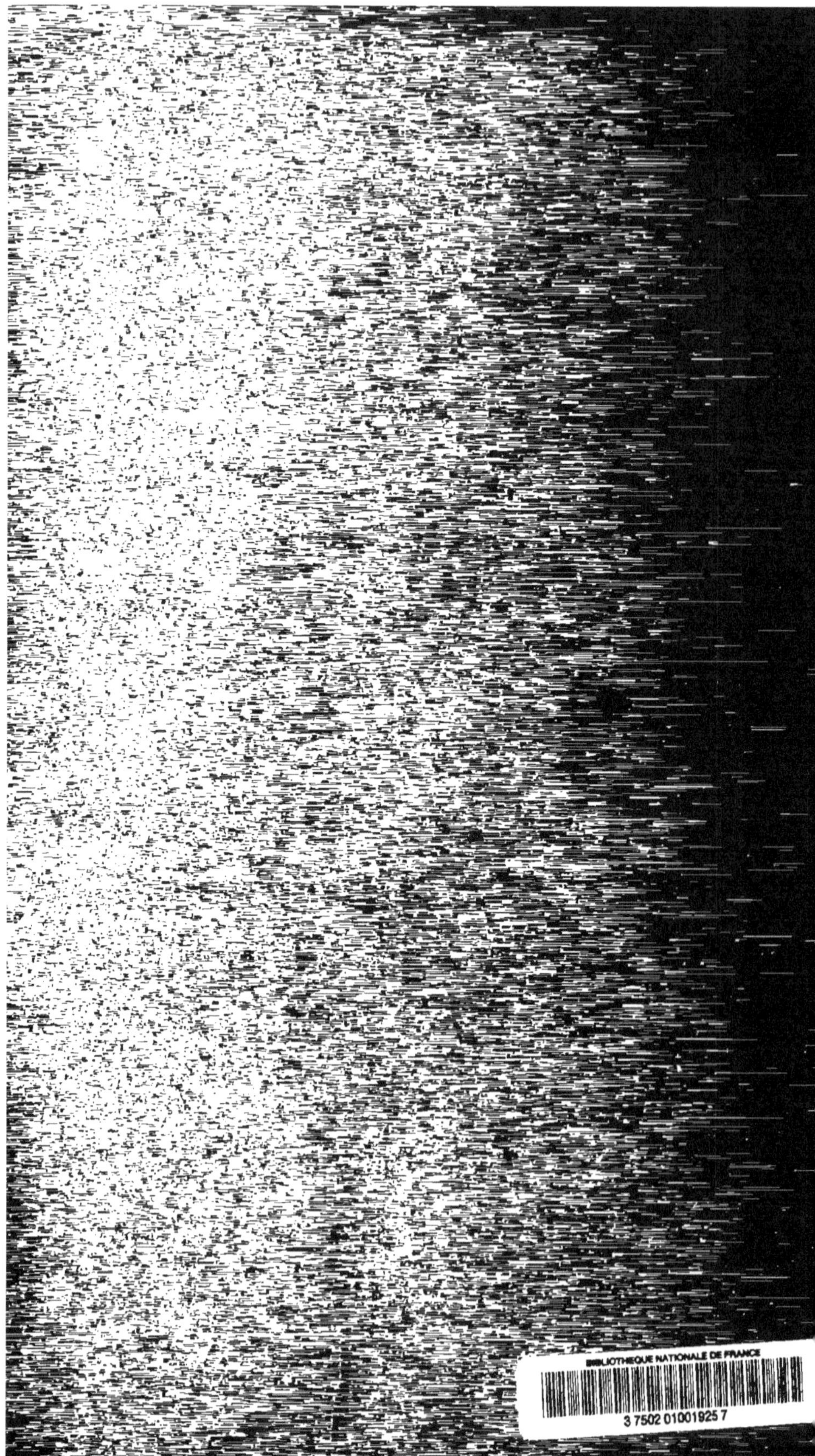

www.ingramcontent.com/pod-product-compliance
Lightning Source LLC
LaVergne TN
LVHW010059230826
846091LV00005B/2005

* 9 7 8 2 0 1 3 2 5 2 5 0 8 *